BEI GRIN MACHT SICH
WISSEN BEZAHLT

- Wir veröffentlichen Ihre Hausarbeit,
  Bachelor- und Masterarbeit

- Ihr eigenes eBook und Buch -
  weltweit in allen wichtigen Shops

- Verdienen Sie an jedem Verkauf

Jetzt bei www.GRIN.com hochladen
und kostenlos publizieren

Alex Reimer

Kooperationsschwierigkeiten - Analyse von Problemen bei Kooperationen anhand des Joint Ventures "Autolatina"

GRIN Verlag

Bibliografische Information der Deutschen Nationalbibliothek:

Die Deutsche Bibliothek verzeichnet diese Publikation in der Deutschen National-
bibliografie; detaillierte bibliografische Daten sind im Internet über http://dnb.d-
nb.de/ abrufbar.

Impressum:

Copyright © 2012 GRIN Verlag GmbH
Druck und Bindung: Books on Demand GmbH, Norderstedt Germany
ISBN: 978-3-656-20241-7

Dieses Buch bei GRIN:

http://www.grin.com/de/e-book/194701/kooperationsschwierigkeiten-analyse-von-
problemen-bei-kooperationen-anhand

GRIN - Your knowledge has value

Der GRIN Verlag publiziert seit 1998 wissenschaftliche Arbeiten von Studenten, Hochschullehrern und anderen Akademikern als eBook und gedrucktes Buch. Die Verlagswebsite www.grin.com ist die ideale Plattform zur Veröffentlichung von Hausarbeiten, Abschlussarbeiten, wissenschaftlichen Aufsätzen, Dissertationen und Fachbüchern.

Besuchen Sie uns im Internet:

http://www.grin.com/

http://www.facebook.com/grincom

http://www.twitter.com/grin_com

Seminararbeit

Kooperation als Phänomen und Instrument in Wirtschaft und Technologie

Kooperationsschwierigkeiten

Analyse von Problemen bei Kooperationen anhand des Joint Ventures „Autolatina"

vorgelegt von

Alex Reimer

Universität Paderborn
Heinz-Nixdorf-Institut
Lehrstuhl für Informatik und Gesellschaft

Paderborn 24.04.2012

Inhaltsverzeichnis

Abbildungsverzeichnis

1   Einleitung

1.1 Problematik

"Although alliances have become a popular organizational form for accessing resources, they frequently fail to live up to expectations".[1]

Spätestens seit Mitte der 90er Jahre lässt sich ein verstärktes Zusammenwachsen der einzelnen Märkte beobachten. Die zunehmende Globalisierung wird maßgeblich durch die Entstehung großer regionaler Binnenmärkte in Europa, Nordamerika und im asiatischpazifischen Raum beeinflusst. Auch die Öffnung ehemals planwirtschaftlich kontrollierter Märkte in Osteuropa und China sowie der vorangetriebene weltweite Abbau von Handelshemmnissen sind weitere Faktoren.[2] Die zunehmende Auflösung der Unternehmensgrenzen bringt gravierende Veränderungen des Wettbewerbsumfelds für die Automobilindustrie mit sich. Dieses impliziert für die Automobilhersteller, dass firmenübergreifendes Denken und Handeln immer wichtiger wird, um ihre Wettbewerbsfähigkeit ausbauen bzw. zu erhalten. Als Folge dessen lassen sich industrieübergreifende Neustrukturierungen in der Automobilbranche beobachten. Es entstehen unternehmensübergreifende Vernetzungen von Wertschöpfungsprozessen durch Kooperationen. Dieses ermöglicht ihnen auf die Veränderung der politischen, technologischen und ökonomischen Rahmenbedingungen zu reagieren.[3] Trotz der wachsenden Popularität der Kooperationen, erfüllen viele Kooperationen nicht die in sie gesetzten Erwartungen. In der Praxis stehen diese nämlich hohen Misserfolgsraten gegenüber. So stellte eine Untersuchung bei 50 weltweittätigen Unternehmen fest, dass 60 bis 70 Prozent der strategischen Allianzen gescheitert sind.[4] Des Weiteren führen die häufig zitierten Studien von Coopers & Lybrand und McKinsey an, dass 70 Prozent der untersuchten Joint Ventures[5] den Erwartungen nicht entsprachen und somit aufgelöst wurden.[6] Es lässt sich also festhalten, dass die Umsetzung von Kooperationen mit vielen Problemen und zum Teil mit dem zukünftigen Scheitern verbunden ist.

---

[1] Vgl. [KDS02, S.750]
[2] Vgl. [SUS07, S.1]; [BOD06, S.1]; [BE02, S.174]
[3] Mit politischen, technologischen und ökonomischen Rahmenbedingungen sind der Wettbewerbsdruck, der Technologiewandel und der Preisdruck gemeint.
[4] Vgl. [LM02, S.10]
[5] Joint Ventures bilden eine Untergruppe Strategischer Kooperationen.
[6] Vgl. [LB86, S.99]

1.2 Zielsetzung

Die oben geschilderte Problemstellung begründet das Ziel dieser Arbeit. Es soll ein Beitrag zur Analyse eines gescheiterten Joint Ventures[7] geleistet werden. Im Mittelpunkt meiner Ausarbeitung steht dabei die 1994 aufgelöste Kooperation zwischen Ford und Volkswagen ("Autolatina"). Es werden dabei die Ursachen und Faktoren für das Scheitern der beiden Automobilkonzerne analysiert. Darauf aufbauend soll in dieser Arbeit ein Lösungsansatz für eine erfolgreiche Kooperation aufgezeigt werden.

1.3 Vorgehensweise / Aufbau der Arbeit

Zu Beginn der Arbeit wird zunächst aufbauend auf den Vorlesungsfolien eine abstrakte Definition des Phänomens Kooperation gegeben. Denn diese stellt den theoretischen Hintergrund für die Analyse der gescheiterten Kooperation "Autolatina" dar. Anschließend erfolgt eine Abgrenzung mit der weitergehenden Literatur. Des Weiteren werden im Kapitel 2 die strategischen Ziele einer Kooperation mit Hilfe der Vorlesungsfolien herausgearbeitet.

Der Hauptfokus der Arbeit liegt auf der gescheiterten Kooperationsanalyse zwischen Ford und Volkswagen in Kapitel 3. In diesem Kapitel werden die drei Phasen des traditionellen Kooperationsmanagements, die typisch für die Automobilindustrie sind, erläutert. Anschließend wird im Kapitel 3.2 gezeigt, in welchen Kooperationsmanagementphasen das Joint Venture "Autolatina" fehlgeschlagen ist und was die Ursachen dafür waren.

Des Weiteren wird in Kapitel 4, in Anlehnung an [ERM07] und [KRU11], das traditionelle Kooperationsmanagement zum systematischen Management weiterentwickelt und ein Lösungsansatz dargestellt, der eine dauerhafte erfolgreiche Kooperation ermöglicht.

Zum Schluss erfolgt eine Zusammenfassung und es werden Hinweise auf Forschungsbedarf gegeben.

---

[7] Wie so häufig in der Kooperationsliteratur, wird auch in dieser Ausarbeitung der Begriff Joint Venture, als Synonym für den Begriff Kooperation verwendet.

2 Theoretische Grundlagen

2.1 Kooperation

2.1.1 Vorlesungsbezug

„Kooperation als Phänomen ist die Auflösung des komplementären Konfliktes zwischen Individualismus und Kollektivismus"[8]

In der Psychologie besteht ein eindeutiger Konsens hinsichtlich der begrifflichen Definition des Terminus Kooperation. Laut Toumels und Balzer besteht eine echte Kooperation aus vernetzten, gemeinsamen Zielen und aus einem gemeinsamen und kollektiven Handeln.[9] Etymologisch betrachtet, stammt der Begriff Kooperation aus dem Lateinischen und lässt sich als „Zusammenwirken" oder „Zusammenarbeiten" übersetzen. Er kann als eine sozial-ethische Norm, eine Verhaltens- bzw. Interaktionsform oder als eine internalisierte Einstellung verstanden werden.[10] Die Kooperation selbst entwickelt sich aus den kulturellen Dimensionen des Individualismus und des Kollektivismus. Der Individualismus ist charakterisiert durch das Anstreben individueller Ziele und Interessen dessen einzelnen Individuums. In individualistischen Kulturen, für die Nordamerika oder Westeuropa typische Vertreter sind, leben die Individuen in einem relativ lose zusammengehaltenen Netzwerk und sorgen nur für sich selbst. Sie legen großen Wert auf die persönliche Freiheit und auf das Ich-Bewusstsein. Im Kollektivismus hingegen ist das Verhalten des Einzelnen an sozialen Normen ausrichtet und es wird die Bereitschaft gezeigt eigene Interessen zu Gunsten kollektiver zu opfern. So leben in kollektivistischen Kulturen, wie beispielsweise in Asien oder Südamerika, die Individuen in einem eng geknüpften sozialen Netzwerk. Mitglieder kollektivistischer Kulturen legen besonderen Wert auf die Gruppensolidarität, das Wir-Bewusstsein und die kollektive Identität.

Das individuelle Zielanstreben im Individualismus ermöglicht die Evolution, d.h. es entsteht etwas Neues und Besseres.[11] Der Kollektivismus hingegen konzentriert sich auf den Erhalt der Lebensumwelt und sieht das Wohlergehen des Kollektivs als höchste Priorität an. Eine Kooperation braucht für den Aufbau den Individualismus und für den Erhalt den Kollektivismus. Diese Brücke zwischen Erhalt und Veränderung bzw. Entwicklung kennzeichnet eine echte Kooperation.[12] Des Weiteren ist Kooperation ein

---

[8] Zitat von [KRU11, S.42]
[9] Vgl. [KRU11, S.35]
[10] Vgl. [GRU82, S.72]
[11] Vgl. [KRU11, S.42]
[12] Ebd.

Konzept, das die Handlungen der beteiligten Partner zu einer optimalen Konsequenz führt.

Abschließend lässt sich der Begriff folgendermaßen definieren: Kooperation ist ein risikobehaftetes Phänomen, das sowohl Individualismus als auch Kollektivismus impliziert. Es bezeichnet die Zusammenführung der individuellen Beiträge aller beteiligten Akteure, unter der Prämisse der gemeinsamen Erstellung von Leistung. Diese entsteht in einem die Akteure beeinflussenden Umfeld und lässt einen Nutzenzuwachs für jeden Einzelnen erwarten.

2.1.2 Weitere Literatur

„Learning to live with two parents is harder than managers thinks."[13]

In der wissenschaftlichen Literatur besteht kein einheitlicher Konsens hinsichtlich der begrifflichen Definition des Begriffs Kooperation. Die Zunahme wissenschaftlicher Veröffentlichungen brachte eine große Zahl terminologischer Abgrenzungen mit sich.[14] Die uneinheitliche Terminologie kann darin begründet werden, dass der Begriff sowohl in der Umgangssprache als auch in der Wissenschaftssprache verwendet wird. Ein weiterer Grund besteht darin, dass er Untersuchungsgegenstand unterschiedlicher wissenschaftlicher Disziplinen ist, wie z.B. der Wirtschaftswissenschaften, der Soziologie und der Psychologie.[15] Von da her ist es unabdingbar für den begrifflichen Terminus Kooperation eine Definition festzulegen. Eine Abgrenzung und Definition aufbauend auf den äußerst vielfältigen Definitionsansätzen der wissenschaftlichen Literatur scheint wenig sinnvoll. Daher werden im Folgenden dem Kooperationsbegriff Merkmale zugeordnet und darauf aufbauend eine Abgrenzung gegenüber Unternehmensverbindungen gezogen.

Die folgenden Abgrenzungen und Definitionen des Begriffes erfolgen in Anlehnung an [ERM07, S.20ff.].

Grundsätzlich kann man die Kooperation durch zwei verschiedene Herangehensweisen definieren und abgrenzen. Im ersten Ansatz erfolgt die Definition anhand des Markt-Hierarchie-Kontinuums. Im zweiten Ansatz erfolgt die Abgrenzung des Begriffs anhand von verschiedenen Unternehmensverbindungen. Mit Hilfe der beiden Herangehensweisen soll in den folgenden Kapiteln die Unternehmenskooperation zwischen Ford und VW eindeutig definiert und gegenüber anderen Unternehmenszusammenschlüssen abgegrenzt werden.

---

[13] Zitat von [KIL82, S.120]
[14] Vgl. [KAB20, S.7]
[15] Vgl. [ERM07, S.18]

2.1.2.1 Das Markt-Hierarchie-Kontinuum

In Anlehnung an [KRA97, S.51f.] lässt sich der Kooperationsbegriff anhand zwei kon-
stitutiver Merkmale definieren. Die zwei häufigsten in der Literatur erwähnten konstitu-
tiven Kooperationsmerkmale sind die Interdependenz und die Autonomie. Das erste
Merkmal beschreibt die auf Wechselwirkung beruhende gegenseitige Abhängigkeit
zweier Kooperationspartner. Das zweite Kooperationsmerkmal impliziert die Selbstständigkeit der Kooperationspartner. Die Interdependenz ermöglicht es Unternehmens-
kooperationen von reinen Markttransaktionen abzugrenzen.[16] Bei der bewussten und
vereinbarten Zusammenarbeit zweier Unternehmen, müssen diese die Einzelaktivitäten
im Hinblick auf die Ziele der Kooperation koordinieren.[17] Diese Ex- ante Koordination
führt zur gegenseitigen Abhängigkeit in den Teilbereichen der Kooperationsunterneh-
men. Eben diese bewusste und explizite vereinbarte Zusammenarbeit grenzt die Kooperation von der reinen Markttransaktion ab.[18]

Das zweite konstitutive Merkmal der Autonomie grenzt eine Kooperation von hierarchischen Organisationsformen und Formen der Unternehmenskonzentration ab.[19] Bei
einer Kooperation ist die rechtliche Selbstständigkeit eine notwendige und die wirtschaftliche Selbstständigkeit eine hinreichende Bedeutung.[20] Es erfolgt somit eine ein-
deutige Abgrenzung zu Unternehmenszusammenschlüssen wie Fusionen und Akquisiti-
onen. Bei diesen beiden Unternehmensverbindungen verlieren die Unternehmen ihre
rechtliche und wirtschaftliche Selbstständigkeit.[21] Als eine zusätzliche Abgrenzung zwischen Kooperation und Hierarchie besteht die freiwillige Beitritts- und Austrittsent-
scheidung der beteiligten Kooperationspartner und somit die jederzeit einseitig kündbare Zusammenarbeit.[22]

Die Abbildung 1 im Anhang verdeutlicht zusammenfassend die Abgrenzung von Kooperationen gegenüber Markt und Hierarchie durch die Einordnung in das Markt- Hie-
rarchie- Kontinuum. Der Untersuchungsfokus bei dieser Ausarbeitung liegt auf dem
Equity Joint Venture. Die Unternehmenspartner Ford und Volkswagen haben ein selbst-
ständiges Unternehmen gegründet, bei dem sie die Führungsverantwortung und das finanzielle Risiko gemeinsam tragen.

---

[16] Vgl. [MEL03, S.10]
[17] Ebd.
[18] Ebd.
[19] Vgl. [LUT93, S.34f.]
[20] Vgl. [MEL03, S. 9]
[21] Anzumerken sei jedoch, dass auch bei Kooperationen die wirtschaftliche Selbstständigkeit
teilweise in den Teilbereichen, in denen die Unternehmen kooperieren, zugunsten kollektiver
Entscheidungen aufgegeben wird. Vgl. dazu [MEL03, S. 9].
[22] Vgl. [ROT93, S.12]

Zusammenfassend lässt sich festhalten, dass die Kooperation Autolatina als eine intermediäre und hybride Organisationsform zwischen Markt und Hierarchie interpretiert werden kann.[23]

2.1.2.2 Unternehmensverbindungen

Im zweiten Ansatz erfolgt die Abgrenzung des Kooperationsbegriffs anhand verschiedener Unternehmensverbindungen. Diese werden nämlich in Kooperations- und Konzentrationsformen unterteilt.[24] Die Abbildung 2 im Anhang gibt einen Überblick über die unterschiedlichen Formen der Unternehmensverbindungen. Wie im Kapitel zuvor erläutert ist das zweite wesentliche Merkmal des Kooperationsbegriffs die Autonomie. Das bedeutet, dass die rechtliche und wirtschaftliche Selbstständigkeit bei kooperierenden Unternehmen, erhalten bleibt. Daraus folgt, dass die kooperierenden Partner autonom handeln, denn diese stehen bei einer Kooperation im Gleichordnungsverhältnis zueinander. Aber es entstehen auch bei Entscheidungsfindungen Interdependenzen zwischen den Parteien und diese sind somit gezwungen sich innerhalb der Kooperation abzustimmen bzw. Entscheidungen zu koordinieren. Somit grenzt sich die Unternehmenskooperation von den Marktbeziehungen und der Unternehmenskonzentration ab. Bei der reinen Markttransaktion liegt nämlich keine gemeinsame Entscheidungsfindung vor. Und bei der Unternehmenskonzentration besteht keine Autonomie der Kooperationspartner.[25] Die Unternehmenskonzentration ist dadurch gekennzeichnet, dass mindestens einer der beiden fusionierten Unternehmen seine rechtliche Selbstständigkeit verliert. Ein weiteres wesentliches Merkmal, nämlich die Erzielung von Wettbewerbsvorteilen, grenzt die Kooperation von sogenannten operativen Kooperationen ab, wie z.B. Arbeitsgemeinschaften, Interessengemeinschaften oder Wirtschaftsverbänden (siehe Anhang: Abbildung2). Die operativen Kooperationen sind meistens von kurzfristiger Dauer und somit nicht zwingend auf die Erzielung von Wettbewerbsvorteilen ausgelegt.[26]

Abschließend lassen sich die Unternehmungsverbindungen nach Art der verbundenen Wirtschaftsstufe unterscheiden. Bei der zu untersuchenden Unternehmenskooperation Autolatina handelt es um eine gesellschaftlich institutionalisierte Kooperation auf horizontaler Ebene.[27] Das bedeutet, dass die beiden Wettbewerber eine Verbindung auf der gleichen Produktions- und Handelsstufe eingegangen sind und ein Gemeinschaftsunternehmen gegründet haben.

---

[23] Vgl. [ERM07, S.24]

[24] Vgl. [KLE94, S.14];[PAU89, S.65]

[25] Vgl. [KAB20, S.14ff.]

[26] Vgl. [GER93, S.36ff.]

[27] Anzumerken sei, dass es noch Zusammenschlüsse vertikaler und konglomerater Art gibt. Auf diese wird aber in der Ausarbeitung nicht näher draufeingegangen, da sie für die Themenstellung nicht als wichtig erachtet werden.

Aufbauend auf den zwei unterschiedlichen Herangehensweisen zur Definition und Abgrenzung des Begriffes Kooperation, lässt sich zusammenfassend festhalten:[28]

Kooperation ist die bewusste, explizit vereinbarte und einseitig kündbare Zusammenarbeit zwischen unabhängigen Unternehmen, unter der Zielsetzung der Gewinnung von Wettbewerbsvorteilen.

Diese Kooperationsdefinition soll in der vorliegenden Ausarbeitung als Arbeitsdefinition genutzt werden. Die Definition des Begriffes ermöglicht, eine Kooperation von den reinen Markttransaktionen, von hierarchischen Organisationsformen, sowie von operativen Kooperationen zu unterscheiden. Dabei erfolgt die Abgrenzung von der reinen Markttransaktion durch das Kriterium der bewussten und explizit vereinbarten Zusammenarbeit. Die Abgrenzung von hierarchischen Organisationsformen erfolgt durch die einseitige Kündbarkeit und die Unabhängigkeit. Das letzte Kriterium, die Erzielung von Wettbewerbsvorteilen, grenzt diese von operativen Kooperationen ab. Die in der Vorlesung herausgearbeitete Definition des Terminus Kooperation (siehe Kapitel 2.1.1.) soll jedoch nicht verworfen werden, sondern als Ergänzung angesehen werden.

2.1.3   Strategische Ziele von Kooperationen

„Koppeln sich zwei negentropische dissipative Strukturen aneinander so ist die daraus entstehende Kooperation dann vernünftig, wenn die resultierende Energiebilanz positiv ist."[29]

Die Vernunft ist in jedem Menschen der bestimmende Faktor, der das Anstreben eines Ziels leitet und darauf aufbauend kritisch korrigiert. Sie ist die Negentropie, d.h. das aufwärtsgerichtete Streben. Die Vernunft wirkt ordnungsauflösend und ermöglicht die Evolution. Sie löst das Bestehende auf, um es dann auf einem höheren Niveau wieder zusammenzufügen. Die Vernunft kämpft somit stets gegen die Entropie d.h. gegen den Ermüdungsprozess. Die Entropie schließt alle, auf das Neue gerichtete Impulse aus und ist das Gegenstück zur Vernunft. Nur die Vernunft hat die Kraft dem Ermüdungsprozess entgegenzuwirken und etwas Neues aufzubauen. Sie ist das Agens, das der Evolution der Lebewesen ihre Aufwärtsbewegung gibt. Somit schafft sie etwas Neues und verändert die interne Struktur.

Ein höheres Niveau durch die Veränderung der internen Struktur bedeutet jedoch nichts anderes als weniger Energieaufwand bei gleicher Existenz und die Umstrukturierung der Produktionsstruktur. Durch die bessere Nutzung der Energie entstehen Synergieeffekte, die sich in Kostensenkungspotentialen wiederspiegeln. Die Umstrukturierung der Produktionsstruktur spiegelt sich in der Evolution wieder. Die Ziele bei der Kopplung zweier negentropischer dissipativer Strukturen sind somit in der ersten Stufe die Redu-

---

[28] In Anlehnung an [MEL03, S.10f.];[ROT93, S.6ff.]
[29] Zitat von [KRU11, S.55]

zierung des Aufwandes und in der zweiten Stufe die Evolution. Somit lassen sich die Ziele in die zwei Kategorien, Kostensenkungspotentiale und die Gewinnung qualitativer Wettbewerbsvorteile inklusive die daraus entstehende Errichtung von Markteintrittsbarrieren, zusammenfassen.

Im Rahmen von Kooperationen hat das Ziel die, Realisierung von Kostensenkungspotentialen, einen hohen Stellenwert. Beispielsweise können durch die Zusammenlegung von zwei Produktionsstandorten größere kumulierte Mengen hergestellt werden und so über Betriebsgrößen Kosteneinsparungen realisiert werden. Es entstehen somit so genannte Skalen- und Größenvorteile, d.h. Economies of Scale. Weiterhin können bei zwei kooperierenden Automobilunternehmen Economies of Scope erzielt werden. Diese entstehen beispielsweise, wenn verschiedene Produkte in derselben Produktionseinheit hergestellt werden. Die zweite Zielkategorie, die Gewinnung von qualitativen Wettbewerbsvorteilen durch eine Kooperation, basiert auf dem Wissensaustausch zwischen den kooperierenden Unternehmen. Es geht dabei darum, die funktionalen Stärken des Kooperationspartners zu erlernen. Daher ist diese Zielkategorie häufig das Motiv für das Eingehen einer Kooperation.

Das Ziel der Errichtung von Markteintrittsbarrieren ist das letzte und weitaus komplexeste Unternehmensziel. Die durch Wissensaustausch erworbenen Kosten- und Produktvorteile können eine abschreckende Wirkung auf die potentiellen Wettbewerber haben und somit zu einem großen Technologie- und Qualitätsvorsprung führen. Dieses kann den kooperierenden Unternehmen eine quasi Monopolstellung verschaffen. Im Umkehrschluss kann die Kooperation auch ein Weg sein, bestehende Markteintrittsbarrieren von Wettbewerbern zu durchbrechen und somit selbst Produkt- und Kostenvorteile zu erlangen.[30]

Aufbauend auf den Vorlesungsinhalten und der weiterführender Literatur lässt sich festhalten: Kooperation bewirkt in einer ersten Stufe eine Reduzierung des Aufwandes, welche sich in dem Ziel der Kostensenkungspotentiale (Economies of Scale und Economies of Scope) wiederspiegelt. In einer zweiten Stufe bewirkt die Kooperation einen Sprung auf ein höher organisiertes Niveau. Diese Evolution, bzw. Veränderung der Produktionsstruktur durch den Wissensaustausch zwischen den kooperierenden Unternehmen, ermöglicht die Erzielung von Wettbewerbsvorteilen. Die Evolution hat jedoch auch eine abschreckende Wirkung auf die potentiellen Wettbewerber, so dass dadurch letztendlich Markteintrittsbarrieren errichtet werden.

---

[30] Vollständigkeitshalber soll erwähnt werden, dass auch der Lobbyismus eine entscheidene Rolle bei der Aufhebung von Markteintrittsbarrieren spielt. Der Lobbyismus stellt eine Form der Marktdurchsetzung dar, bei dem man versucht die Exekutive und Legislative, sowie die öffentliche Meinung zu beeinflussen. Laut der Studie von Choate (1990) geben japanische Unternehmen jedes Jahr ca. 400 Mio. US-Dollar aus, um die bestehenden rechtlichen Markteintrittsbarrieren für japanische Unternehmenskonzerne in den USA zu lockern. (Vgl. [CHO90, S.87]).

3   Analyse des Equity Joint Ventures Autolatina

„Viele Manager glauben mit der Größe des Tankers verringere sich die Gefahr des Absinkens". [31]

Zum 1. Juli 1987 schufen Ford und Volkswagen, als mögliche Vorstufe der Fusion das Equity Joint Venture Autolatina. Aufgrund des rückläufigen brasilianischen Automobilmarkts und hoher Unternehmenssteuern steckten beide Unternehmen in den achtziger Jahren in einer schweren Krise. Die Idee der Zusammenarbeit bestand darin, ein operatives Abkommen zu schaffen, das den beiden Automobilunternehmen und den Kunden Vorteile bringen sollte. Das Gemeinschaftsunternehmen sollte ein Holding sein, unter der Ford und VW jeweils ihre Markenidentität beibehalten sollten. Beide Konzerne sollten weiterhin den Verkauf und Kundenservice ihrer eigenen Produkte besorgen und sich auf ihre Kerngeschäfte konzentrieren. Angesichts der globalen Konkurrenzsituation hat sich das Unternehmen um die Expansion auf dem brasilianischen und argentinischen Markt entschieden. Gemeinsam kamen Ford und Volkswagen auf einen Marktanteil von 60 Prozent in Brasilien und auf knapp 30 Prozent in Argentinien. Im Zuge der schweren Krise beider Automobilunternehmen und vor dem Hintergrund der Globalisierung, sahen beide Vorteile in dem Joint Venture. Doch während der siebenjährigen Existenz hatte Autolatina mit zahlreichen Problemen zu kämpfen und so wurde erstmals in den neunziger Jahren der Nutzen des Gemeinschaftsunternehmens in Frage gestellt.

Im Folgenden Abschnitt soll die Umsetzung der Unternehmenskooperation Autolatina erläutert werden. Das traditionelle und unsystematische Kooperationsmanagement[32] des Unternehmens gliedert sich in die Schritte Vorfeldphase, Transaktionsphase und Integrationsphase.

3.1 Traditionelles Kooperationsmanagement in der Automobilindustrie

"Größe allein sichert das Unternehmen nicht; Unternehmen müssen führbar bleiben." [33]

Die folgende Ausarbeitung erfolgt in Anlehnung an [PP08, S.156ff.].

---

[31] Vgl. [BAR, S. 237]

[32] „ Kooperationsmanagement umfasst alle Aktivitäten zur Führung von Kooperationen, wobei Führung als ein Prozess der Planung, Steuerung und Kontrolle verstanden werden soll." (Vgl. [PAU89, S. 400]).

[33] Vgl. [PIS, S. 238]

Vorfeldphase	Transaktionsphase	Integrationsphase
•Untersuchung der Rationaliät und Festlegung des Umfangs der Kooperation •Verankerung im Unternehmen plus erste Bewertung der Kooperation	•Festlegung von Synergien der Kooperation •Entwurf von Organisations-/ Kontrollstrukturen und Verhandlungen über finanzielle und inhaltliche Transaktionsbedingungen	•Anpassung der Unternehmenskulturen •Gestaltung einer Lernkultur d.h. die Umsetzung der Kooperation

Abbildung 1: Der Prozess des traditionellen Kooperationsmanagements[34]

1. Phase: Vorfeldphase

Untersuchung der Rationalität und Festlegung des Umfangs der Kooperation

In der Vorfeldphase erfolgt zunächst die Analyse der Rationalität der Kooperation. In dieser Phase werden die Verbundvorteile gegenüber möglichen Transaktionskostennachteilen abgewogen. Da im Vorfeld in den Kooperationsverhandlungen viele Detailprobleme angesprochen werden und deshalb viele Fachleute einbezogen werden müssen, erfolgen diese Verhandlungen unter strengster Vertraulichkeit. Betriebsräte und verunsicherte Manager, die um einen Wegfall ihrer Aufgaben fürchten, könnten Unruhen und Störungen in den Verhandlungsprozess bringen. Des Weiteren wird in dieser Phase der Umfang der Kooperation festgelegt. Eine Kooperation kann sich auf verschiedene Unternehmensfunktionen beziehen, wie z.B. F&E, Produktion und Absatz. Daher ist es beispielsweise notwendig zu klären, ob in der gemeinsamen Fabrik jeder Kooperationspartner nur eine Baureihe oder vielleicht mehrere fertigen soll.

Verankerung im Unternehmen plus erste Bewertung der Kooperation
Große Automobilkonzerne haben weltweite Organisationsstrukturen. Daher soll in diesem Schritt festgelegt werden, wie die Kooperation in den beiden beteiligten Unternehmen verankert werden soll. Es werden typische Fragen gestellt wie z.B. Wie soll das neue Gemeinschaftsunternehmen in diese Strukturen integriert werden? Und wer berichtet an wen? Nach einem ersten Überblick über die Rationalität, den Umfang und die mögliche Verankerung der Kooperation im Unternehmen, erfolgt die erste Bewertung

---

[34] Vgl. [PP08, S.157]

der Kooperation. Ist diese Bewertung der Kooperation positiv, so wird ein vorläufiger, rechtlich nicht bindender Vertrag[35] über den Zusammenschluss abgeschlossen.

2. Phase: Transaktionsphase

Festlegung von Synergien der Kooperation

Im ersten Schritt der Transaktionsphase wird festgelegt, welche Synergieeffekte durch das Zusammenwirken der Kooperationspartner zu erwarten sind. Dabei erfolgt eine explizite Bewertung der Synergien. Es werden die möglichen Kostennachteile, wie z.B. die Opportunitätskosten des Managements und die Transaktionskosten, den Verbundvorteilen (Economies of Scale) gegenübergestellt. Darauf aufbauend wird die Wertschöpfung des Equity Joint Venture geschätzt.

Entwurf von Organisations-/Kontrollstrukturen und Verhandlungen über finanzielle und inhaltliche Transaktionsbedingungen

Gerade bei einem Equity Joint Venture ist es wichtig Steuerungs-, Organisations- und Kontrollstrukturen, wie z.B. Konfliktlösungsverfahren, zu entwerfen. Die Ressortverteilung in neu gegründeten Gemeinschaftsunternehmen ist oft ein schwerwiegender Diskurs. Können diese Strukturen geschaffen werden, wird eine Absichtserklärung[36] unterzeichnet. Aufbauend auf der Absichtserklärung werden anschließend die finanziellen und inhaltlichen Transaktionsbedingungen verhandelt und alle notwendigen Genehmigungen eingeholt. Den Abschluss bildet die endgültige Unterzeichnung des Kooperationsvertrages.

3. Phase: Integrationsphase

Anpassung der Unternehmenskultur und die Gestaltung einer Lernkultur

In der dritten und letzten Phase stehen Entscheidungen über die personelle Umsetzung der Kooperation, strukturelle Veränderungen und die Anpassung der Unternehmenskulturen im Vordergrund. Hier spielt kollektives Lernen eine entscheidende Rolle. Die Kooperationspartner müssen gemeinsam voneinander Lernen und somit eine Lernkultur etablieren. Durch die richtige Anpassung der Unternehmens- und Lernkulturen, lassen sich große Synergieeffekte realisieren.

---

[35] Der sogenannte „Memorandum of understanding". Diese Absichtserklärung stellt eine Übereinkunft über weitere Kooperationsverhandlungen dar und wird von allen Verhandlungspartnern unterzeichnet.

[36] Eine Absichtserklärung bzw. Letter of Intent bildet die Grundlage des abschließenden Vertrags. Der Letter of Intent bestätigt, dass beide Seiten in Verhandlungen über den Vertrag stehen. Dieser hat jedoch keine rechtlich bindende Wirkung.

3.2 Kooperationsschwierigkeiten des Joint Ventures Autolatina

„ Die Gefahren, die in der operativen Umsetzung der Integration lauern, werden in der Regel erst nach der Vertragsunterzeichnung deutlich, dann also, wenn man das Problem bereits am Bein hat."[37]

Wie in Kapitel 3.1 zuvor dargestellt, gliedert sich der Prozess des Kooperationsmanagements von Autolatina in die Vorfeld-, Transaktions-, und Integrationsphase. In diesem Prozess des Kooperationsmanagements sind bei den beiden europäischen Automobilunternehmen verschiedene Schwierigkeiten aufgetreten, die letztendlich nach siebenjähriger Existenz zum Scheitern geführt haben. In den folgenden Abschnitten sollen in Angrenzung an [PP08, S.156ff.] und in Angrenzung an die Vorlesung, diese Schwierigkeiten ausführlich erläutert werden.

3.2.1 Vorfeldphase

In der Vorfeldphase haben die beiden Kooperationspartner zunächst die Rationalität der Kooperation untersucht. Dabei haben sie die Rationalität bis in alle Details durchleuchtet. Der Zusammenschluss schien ihnen rational, vor allem in Folge der entstehenden Einkauf-, Fertigungs-, und Vertriebssynergien. Zusätzlich sahen diese eine Komplementarität der eigenen Unternehmensziele und Unternehmenskulturen. Bei der Feststellung des Umfanges der Kooperation haben sich die Automobilhersteller auf ein konkretes Produktionswerk in Lateinamerika geeinigt. Dabei bestand die Absicht, je nach Entwicklungsprozess der Kooperation, sich über eine weitergehende Zusammenarbeit zu entscheiden. Des Weiteren wurde eine eigenständige Organisationsstruktur entworfen, um das Streitthema der Integration des Joint Ventures zu entgehen. Beide Unternehmen besaßen bereits im Zielland Konzerngesellschaften, die jedoch zu klein waren, um das geplante Joint Venture zu integrieren.

Die erste Bewertung der Kooperation ergab bei beiden europäischen Automobilherstellern zahlreiche Synergieeffekte. Einkaufssynergie sahen diese in den verhandelbaren Größenvorteilen bei Lieferanten, sowie bei dem Anlocken von Standardlieferanten aus Europa in das neue Zielland. Fertigungssynergien könnten hingegen in dem geringen Investitionsvolumen und der gemeinschaftlichen Nutzung vom Presswerk, Teilen der Endmontage und Lackiererei bestehen. Beim Vertriebsbereich sollte ein Aufbau eines Flächenbetriebes erfolgen, da beide Unternehmen bislang nur in Großstädten des lateinamerikanischen Landes aktiv waren. Somit sollte das Vertriebsnetz ausgeweitet werden. Jedoch sollten die markenspezifischen Vertriebsnetze bestehen bleiben. Deshalb wolle man sich im Bereich des Großhandels und des Vertriebsinnendienstes Vertriebssynergien suchen. Anschließend wurde in dieser Vorfeldphase ein „memorandum of understanding" von beiden Partnern unterzeichnet, der die Übereinkunft über weitere Verhandlungen darstellt. Bei der Betrachtung der Vorfeldphase lassen sich keine gravieren-

---

[37] Vgl. [GER09]

den Fehler bei den Verhandlungen feststellen. In dieser Phase wurde lediglich nur der ökonomische Wert der Kooperation bestimmt, sowie die Synergien und Transaktionskosten der Kooperation abgeschätzt. Da beide Unternehmen auf dieser Basis zu einer Vorvereinbarung kamen, werden in der anschließenden Phase die Vor- und Nachteile berechnet, sowie die notwendige Organisations- und Kontrollstruktur bestimmt.

3.2.2 Transaktionsphase

Eine detaillierte Berechnung in der Transaktionsphase ergab für beide Kooperationspartner große Synergieeffekte im Vertriebs- und Fertigungsbereich. Im Beschaffungsbereich gab es hingegen durch die unterschiedlichen Spezifikationen der Automobilunternehmen keine Synergieeffekte. Es mussten unterschiedliche Automobilteile von verschiedenen Lieferanten beschafft werden, so dass Synergieeffekte ausblieben. Auch die Überlegung die Fahrzeugteile beider Unternehmen über ein Fließband laufen zu lassen, mussten verworfen werden. Es bestanden unterschiedliche Standards und unterschiedliche Taktzeiten der Fahrzeuge beider Joint Venture Partner.

Spätestens in dieser Phase müssten die Kooperationspartner bei den Vertragsverhandlungen bemerken, dass bei dem Joint Venture nicht ausreichend Synergieeffekte umgesetzt werden können und somit keine Komplementarität der Unternehmen vorliegt. Bei dieser fehlenden Komplementarität zehren die Transaktionskosten vor allem in der Anfangsphase die Effizienzvorteile von der Kooperation auf. Für beide Unternehmen gab es von vornherein keinen funktionierenden gemeinsamen Wertschöpfungsprozess. Dieses führte dann zu finanziellen Belastungen, die in der Automobilindustrie nicht lange toleriert wurden.

Bei dem Entwurf von Organisations- und Kontrollstrukturen haben die Automobilunternehmen den Vorsitzenden von Partnerunternehmen 1 und den Finanzvorstand von Partnerunternehmen 2 dazu berufen. Da bei Doppelspitzen oft keine klaren Verantwortlichkeiten existieren, hielten sie dieses für die beste Variante. Darauf aufbauend wurde der „letter of intent" unterschrieben. Auf Grundlage des „letter of intent" wurden dann die finanziellen und inhaltlichen Transaktionsbedingungen verhandelt. Der Abschluss der Transaktionsphase beinhaltete dann die Unterzeichnung des Kooperationsvertrages.

Genau an dieser Stelle entstanden folgenreiche Schwierigkeiten. Das Topmanagement wurde die ganze Zeit nur unzureichend in die Vertragsverhandlungen mit einbezogen und überließ diese somit dem mittleren Management. Erst bei der Unterzeichnung des abschließenden Vertrages wurden dem Vorstand die verhandelten Themen dargelegt. Die Vorstände brachten jedoch wieder neue Themen und eigene Interessen in die Verhandlungen ein. Diese konnten aber zu diesem Zeitpunkt nicht mehr verhandelt werden, da der Vertrag bereits schon feststand.

In Anlehnung an Abbildung 3 im Anhang:

Beide Akteure bzw. Unternehmen waren sich ihrer selbst und ihrer individuellen Ziele bewusst. Ford (Akteur A) und Volkswagen (Akteur B) hatten beide ein individuelles Ziel, nämlich die Eroberung des brasilianischen und argentinischen Marktes. Beide Automobilunternehmen glaubten an die Umsetzbarkeit ihrer Zielsetzungen. Sie haben im nächsten Schritt ihre individuellen bzw. gemeinsamen Orientierungen in den Vertragsverhandlungen zu einem gemeinsamen Handlungsplan koordiniert, der in Folge dann umgesetzt werden sollte. Doch es bestand trotz der festen Überzeugung der beiden Akteure kein gemeinsamer Handlungsplan. Die Rahmenbedingungen auf der Managementebene und somit die verfestigten Verhaltens- und Interessensmuster der beiden Vorstände ermöglichten keine dauerhafte Kooperation der beiden Konzerne. Durch den späten Einbezug des Topmanagements in die Vertragsverhandlungen, konnten diese ihre individuellen Ziele zu diesem Zeitpunkt nicht mehr verhandeln. So wurde in Folge keine gemeinsame Bezugsplattform der Akteure definiert. Somit glaubten auch beide nicht wechselseitig daran, dass diese verfolgt wird. Es herrschte Misstrauen vor einseitigem Wissensabfluss. Ein Kooperationsprozess kann jedoch nur dann funktionieren, wenn von beiden Akteuren wechselseitig jeder Schritt bestätigt wird. Ein einziges Nicht- Zustimmen bricht den Verlauf ab und führt wieder zum Anfang. Von den beiden beteiligten Rollen wurde der vierte Schritt „ A/B definieren eine gemeinsame Bezugsplattform und glauben wechselseitig, dass diese verfolgt wird", nicht bestätigt und somit brach der Kooperationsprozess in diesem Schritt ab.

In Anlehnung an die Abbildung 4 im Anhang:

Des Weiteren erschwerte ein doppelt komplexer Hintergrund das Generieren eines kooperativen Ziels und den Aufbau eines gemeinsamen Handlungsplanes. Beide Vorstände, sowie die Mitarbeiter, sind in ihrem Umsystem eingebettet und können nicht in den Partner hineinschauen. Sie besitzen Erfahrungswissen und haben eine Vielzahl von Handlungsmöglichkeiten für die sie sich entscheiden müssen. Diese Wahl bereitet Angst und Misstrauen. Zusätzlich beinhaltet jedes Umsystem Norm- und Kulturregeln, in die das Management und die Mitarbeiter eingebettet sind. Unter allen diesen Voraussetzungen müssen die beteiligten Akteure einen kooperativen Handlungsplan entwickeln und ihre zukünftigen Handlungsentscheidungen nach dem Plan ausrichten, unter der Prämisse, dass beide wechselseitig auch daran glauben.

Bei der rückblickenden Betrachtung der Transaktionsphase lassen sich gravierende Fehler bei der Festlegung von Synergien, sowie bei dem mangelnden Einbezug des Topmanagements feststellen. Bei der detaillierten Berechnung der Verbundvorteile, Synergien und Transaktionskosten der geplanten Kooperation, müsste dem mittleren Management ersichtlich werden, dass keine Komplementarität der Unternehmen vorliegt und somit nur unzureichend Synergieeffekte umgesetzt werden können. Des Weiteren wurde das Topmanagement nur zur Unterzeichnung des Abschlussvertrages einbezogen, so dass ihre individuellen Ziele und Interessen unberücksichtigt blieben. Dieses implizierte Misstrauen und einen unzureichenden gemeinsamen Handlungsplan, der letztendlich seinen Teilbeitrag zum Scheitern geleistet hat. In der dritten und letzten Phase werden nun die Unternehmenskulturen angepasst und die Kooperation in den Automobilunternehmen verankert.

3.2.3   Integrationsphase

In der letzten und entscheidendsten Phase geht es darum die Zusammenarbeit der beiden Kooperationspartner durch die Anpassung der Unternehmens- und Lernkulturen zu fördern. Diese Anpassung ermöglicht die festgelegten Synergieeffekte durch minimale Transaktionskosten zu erreichen. Doch eine gemeinschaftliche Autolatina- Kultur hatte sich zwischen den beiden Automobilunternehmen nie entwickelt. Auch der Austausch von Wissen, sowie das gemeinsame Lernen (Lernkultur) der Kooperationspartner untereinander, haben sich nicht etabliert. Stattdessen bestand die Angst vor Wissensexplizierung und somit vor dem einseitigem Abfluss von Know- How.

Die Manager, die in den einzelnen Vertragsverhandlungen viel Zeit verbracht haben, gingen in der Integrationsphase ihrem Alltagsgeschäft nach und kümmerten sich nur unzureichend um die Kooperation bzw. kontrollierten diese nur gelegentlich. Dieses Verhalten der Manager verzögerte oder verhinderte sogar teilweise notwendige Veränderungen in der letzten Phase. Zwischen den Mitarbeitern entstanden kulturelle Konflikte bzw. Widerstände, die seitens der Manager durch Schulungen oder interne Kommunikation beseitigt werden könnten. Die Manager haben sich nach der Unterzeichnung des Kooperationsvertrages nur unzureichend mit der Kooperation und mit der Beseitigung von kulturellen Konflikten beschäftigt. Dieses schürte Misstrauen zwischen den Kooperationspartnern und verhinderte die Etablierung einer Lernkultur.

Zusammenfassend lässt sich festhalten, dass keine ausreichenden Synergien bei der Kooperation geschaffen wurden, da keine Komplementarität der Unternehmen und somit keine Komplementarität der Wertschöpfungsaktivitäten vorlag. Des Weiteren implizierte der späte Einbezug der Vorstände einen unzureichenden gemeinsamen Handlungsplan. Die fehlende Anpassung der unterschiedlichen Unternehmenskulturen und die Versäumnis der Etablierung einer dauerhaften Lernkultur, führten schlussendlich zum Scheitern des Joint Ventures Autolatina.

4   Lösungsansatz

4.1 Die 4 ableitenden Maßnahmen

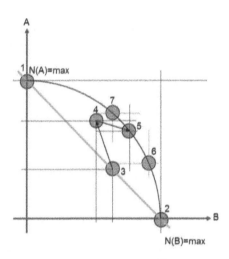

Abbildung 2: „Echter Konsens"[38]

Betrachtet man sich die Abbildung, so wird deutlich, dass das Optimum (Punkt 5) und somit die Voraussetzung für eine erfolgreiche Kooperation, nur durch das Einbeziehen der gegenseitigen Interessen der beteiligten Akteure entsteht. Um von der eingegangenen Kooperation dauerhaft zu profitieren, genügt es sich nicht, nur die eigenen Ziele isoliert zu fokussieren, denn dadurch entsteht nur eine suboptimale Lösung. Vielmehr müssen die komplementären Unternehmen in den Verhandlungssituationen einen gemeinsamen Handlungsplan definieren, der ihren Mehrwert maximiert. Diese Entwicklung und Etablierung eines gemeinsamen Handlungsplans ähnelt der Basarmethode. Dem entsprechend müssen beide Akteure in den Verhandlungen nachgeben, um einen echten Konsens und somit den maximalen Nutzen in Punkt 5 zu erreichen.

Dieser maximale Nutzenzuwachs kann jedoch nicht erreicht werden, wenn komplementäre Wertschöpfungseinheiten zusammengeführt werden. Dann hat die Wertschöpfungseinheit i eines Unternehmens negative Rückwirkungen auf die Wertschöpfungseinheit j des anderen Unternehmens. Aufgrund dieser internen Inkonsistenz kann das Optimum

---

[38] Vgl. [KRU11, S. 41]

mit dem höchsten Nutzenzuwachs dann nie erreicht werden. Es bedarf daher im Vorfeld einer Überprüfung der Komplementarität der Kooperationspartner im Rahmen der Analyse der Rationalität entlang der Wertschöpfungskette. Des Weiteren steigt die Komplementarität der Unternehmen nur, wenn sich die Unternehmenskulturen der Kooperationspartner annähern oder sich überhaupt miteinander vereinbaren lassen. Dann können sich die Mitarbeiter mit dem Unternehmen identifizieren und sind somit motiviert an der Zusammenarbeit.

Damit lassen sich vier Maßnahmen ableiten, die eine erfolgreiche Kooperation ermöglichen und Mehrwert vernichtende Kooperationen verhindern:

1. Der maximale Nutzenwachs (Optimum) in einer Kooperation kann nur erreicht werden, wenn beide Akteure in der Verhandlungssituation nachgeben und ihre gegenseitigen Interessen in den gemeinsamen Handlungsplan mit einbeziehen. Dieses sollte unter dem frühzeitigen Einbezug des Topmanagements geschehen, um alle Interessen und individuelle Ziele zu berücksichtigen. Dadurch lässt sich das Misstrauen verhindern.

2. In der Vorfeldphase muss eine Überprüfung der Komplementarität der Kooperationspartner erfolgen. Dieses sollte bei der Analyse der Rationalität der Kooperation, entlang der Wertschöpfungskette durchgeführt werden.

3. Des Weiteren muss in der Vorfeldphase die Überprüfung der Komplementarität der Unternehmenskulturen erfolgen. Die unterschiedlichen Unternehmenskulturen müssen miteinander vereinbar sein.

4. Abschließend sollte eine stärkere Anpassung der unterschiedlichen Unternehmenskulturen in der Integrationsphase erfolgen. Dieses ist nämlich die Voraussetzung für die Identifikation und die Motivation der Mitarbeiter beider Partnerunternehmen.

4.2 Die Entwicklung des systematischen Kooperationsmanagements

Das in Kapitel 3.1 zuvor beschriebene traditionelle Kooperationsmanagement wird aufbauend auf den ableitenden Maßnahmen zum systematischen Management erweitert bzw. vertieft. Die Abbildung 3 repräsentiert das neue systematische Kooperationsmanagement.

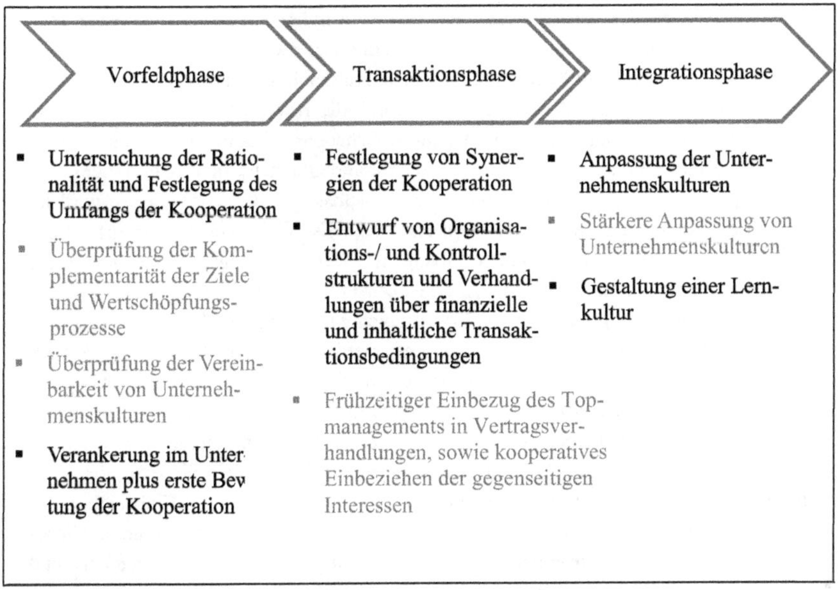

| Vorfeldphase | Transaktionsphase | Integrationsphase |

- Untersuchung der Rationalität und Festlegung des Umfangs der Kooperation

- Überprüfung der Komplementarität der Ziele und Wertschöpfungsprozesse

- Überprüfung der Vereinbarkeit von Unternehmenskulturen

- **Verankerung im Unter nehmen plus erste Bev tung der Kooperation**

- Festlegung von Synergien der Kooperation

- Entwurf von Organisations-/ und Kontrollstrukturen und Verhandlungen über finanzielle und inhaltliche Transaktionsbedingungen

- Frühzeitiger Einbezug des Topmanagements in Vertragsverhandlungen, sowie kooperatives Einbeziehen der gegenseitigen Interessen

- Anpassung der Unternehmenskulturen

- Stärkere Anpassung von Unternehmenskulturen

- Gestaltung einer Lernkultur

Abbildung 3: Der Prozess des systematischen Kooperationsmanagements[39]

Diese 4 Schritte eines systematischen Kooperationsmanagements wurden bislang in der Automobilindustrie vernachlässigt. Durch diese Ergänzung sollte es nun möglich sein eine Kooperation von Anfang an erfolgreich zu gestalten, um für beide Kooperationspartner langfristig den Mehrwert zu maximieren. Des Weiteren ermöglicht das systematische Kooperationsmanagement die Vermeidung Mehrwert vernichtender Kooperationen, da schon in der Vorfeldphase die Überprüfung der Komplementarität der Kooperationspartner und der Unternehmenskulturen erfolgt

---

[39] In Anlehnung an [PP08,S. 169]

5   Zusammenfassung und Forschungshinweise

Nach der Analyse des gescheiterten Joint Venture Autolatina, lässt sich folgendes festhalten: Die hohen Misserfolgsraten bei Kooperationen zwischen Automobilunternehmen lassen sich darauf zurückführen, dass viele Automobilunternehmen in der Kooperation einen Ausweg aus der Krise sehen. Durch die Kooperationen versuchen diese
sich im Wettbewerbskampf um Marktanteile zu behaupten. Traditionell erfolgt der Prozess des Kooperationsmanagements in der Automobilbranche in den drei Schritten:
Vorfeldphase, Transaktionsphase und Integrationsphase. In der Vorfeldphase wird lediglich die Rationalität der Kooperation festgelegt. Es erfolgt keine Überprüfung der
Komplementarität der Unternehmen entlang der Wertschöpfungsprozesse, sowie die
Überprüfung der Vereinbarkeit der Unternehmenskulturen. Dadurch erfüllen viele Kooperationen nicht die in sie gesetzten Erwartungen und vernichten Mehrwert, wie auch
die Kooperation Autolatina. Um eine dauerhafte erfolgreiche Kooperation zu ermöglichen und somit langfristig einen Mehrwert zu schaffen, ist ein systematisches Kooperationsmanagement notwendig. Dieses Management umfasst die vier Maßnahmen: a)
Überprüfung der Komplementarität der Ziele und Wertschöpfungsprozesse b) Überprüfung der Vereinbarkeit von Unternehmenskulturen c) Frühzeitiger Einbezug des Topmanagements in die Vertragsverhandlungen, sowie das kooperative Einbeziehen der
gegenseitigen Interessen d) Stärkere Anpassung von Unternehmenskulturen. Dieses
systematische Kooperationsmanagement ist die Aufgabe des Topmanagements und
muss somit ausgehend von der obersten Unternehmensebene erfolgen.

Die hohen Misserfolgsraten strategischer Kooperation lassen ferner den Schluss zu, dass
immer noch ein großer Bedarf an wissenschaftlichen Erkenntnissen zum Kooperationsmanagement besteht. Es kann festgestellt werden, dass das Management von Kooperationen wissenschaftlich noch nicht adäquat untersucht worden ist. Somit ist das geschei-
terte Joint Venture Autolatina ein weiteres Indiz dafür, dass in der Wirtschaftspraxis
immer noch Forschungsdefizite bestehen.

6 Literaturverzeichnis

<u>Zeitschriftenaufsätze/Studien</u>

[BAR]   **Barrie G. James**, zitiert bei Picot: Mergers & Acquisitions opti-
               mal managen.

[BE02]   **Bleeke, J./Ernst, D. (2002):** The Way to win in Cross- Border
               Alliances, in: Harvard Business School Press (Hrsg.): Harvard
               business review on strategic alliances, Harvard Business School
               Publishing Corporation, Boston, S. 173-198.

[CHO90]   **Choate, P.(1990):** Political Advantage: Japans Campaign for
               Amerika, in: Harvard Business Review, September- October.

[GRU82]   **Grunwald W. (1982):** Konflikt- Konkurrenz- Kooperation: Eine
               theoretisch- empirische Konzeptanalyse, in: Grunwald, W./Lilige,
               H-G. (Hrsg.): Kooperation und Konkurrenz in Organisationen,
               Haupt, Stuttgart, S.50-96.

[KDS02]   **Kale, P., Dyer, J.H. and Singh, H. (2002):** Alliance capability,
               stock market response and long-term alliance success: the role of
               the alliance function. Strategic Management Journal, 23(8) p747-
               767.

[KIL82]   **Killing, J. P. (1982):** How to make a global Joint Venture Work,
               in: Harvard Business Review , 60. Jg. (3), S. 120-127.

[LB86]   **Levine, J. B./Byrne, J. A. (1986):** Corporate Odd Couples: Be-
               ware the wrong partner, in: Business week, (July 21, 1986), S.98-
               103.

[PAU89]   **Pausenberger, E. (1989):** Zur Systematik von Unternehmenszu-
               sammenschlüssen, in: WISU- Das Wirtschaftsstudium, 18. Jg.
               (43), S. 621- 626.

[PIS]   **Bern Pischetsrieder**, zitiert bei Picot: Mergers & Acquisitions
               optimal managen.

[SUS07]   **Susman, G. I. (2007):** Introduction in: Susman, G. I. (Hrsg.):
Small and medium-sized enterprises and the global economy,
Edward Elgar, Cheltenham, S.1-10

Monographien

[BOD06]   **Boden Bender, O. (2006):** Zur Relevanz multinationaler Unternehmen im Globalisierungsprozess: Darstellung, wettbewerbspo-
litsche Problematik und Lösungsansätze, Logos, Berlin.

[ERM07]   **Ermisch R. (2007):** Management strategischer Kooperationen im
Bereich Forschung und Entwicklung- Eine empirische Untersu-
chung von Technologieunternehmen in Deutschland und den
USA, 1. Auflage., Kalsruher Verlag.

[GER93]   **Gerpott, T. J. (1993):** Integrationsgestaltung und Erfolg von Un-
ternehmensakquisitionen, Schäffer-Poeschel, Stuttgart.

[KAB20]   **Kabst, R. (2000):** Steuerung und Kontrolle internationaler Joint
Venture: eine transaktionskostentheoretisch fundierte empirische
Analyse, Hampp, München.

[LM02]   **Lucks K., Meckl R. (2002):** Internationale Mergers & Acquisitions. Der prozessorientierte Ansatz, Springer, Berlin.

[KLE94]   **Kleebach, S. (1994):** Strategische Alliancen zur Technologie-
entwicklung, Hochschule für Wirtschafts- Rechts- und Sozialwis-
senschaften, St. Gallen.

[KRA97]   **Kraege, R. (1997):** Controlling strategischer Unternehmensko-
operationen: Aufgaben, Instrumente und Gestaltungsempfehlun-
gen, Hampp, München.

[LUT93]   **Lutz, V. (1993):** Horizontale strategische Alliancen: Ansatzpunk-
te zu ihrer Institutionalisierung, S und W, Hamburg.

[MEL03]   **Mellewigt, T. (2003):** Management von strategischen Kooperationen: eine ressourcenorientierte Untersuchung in der Telekom-
munikationsbranche, 1. Aufl., Deutscher- Universitäts- Verlag,
Wiesbaden.

[PP08]   Proff Heike/ Proff V. Harald (2008): Dynamisches Automobil-
                management- Strategien für Hersteller und Zulieferer im interna-
                tionalen Wettbewerb, 1. Aufl., Gabler- Verlag.

[ROT93]   Rotering, J. (1993): Zwischenbetriebliche Kooperation als alter-
                native Organisationsform: ein transaktionstheoretischer Erklä-
                rungsansatz, Schäffel- Poeschel, Stuttgart.

Unterrichtsmaterialien/Vorträge

[KRU11]   Prof. Dr. Jens Krüger (2011): Kooperation im Geschäftspro-
                zessmanagement insb. Supply Chain Management, Universität
                Paderborn.

Internetquellen

[GER09]   Johannes Gerds (2009): http://www.wiwo.de/unternehmen-
                maerkte/wie-sich-das-scheitern-von-fusionen-verhindern-laesst-
                400510/ [Abrufdatum: 26.07.2011].

7   Anhangverzeichnis

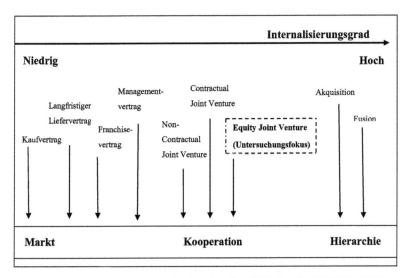

Abbildung 1: Kooperation als Organisationsform im MHK (Quelle: [ERM07, S.24])

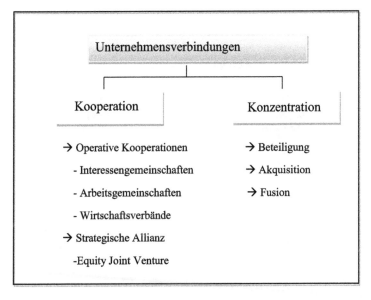

Abbildung 2: Formen von Unternehmensverbindungen (Quelle: eigene Darstellung)

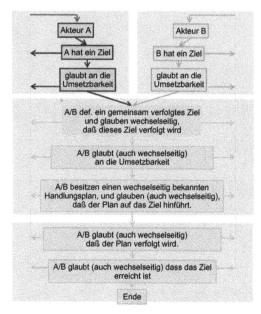

Abbildung 3: Skizze eines Gesamtkonzeptes „ Kooperation" (Quelle: [KRU11, S.223])

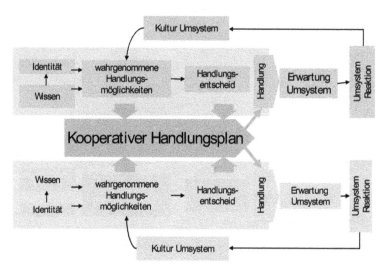

Abbildung 4: Aspekte von Kooperation: Ziele (Quelle: [KRU11, S.89])